Pourquoi y a-t-il quelque chose plutôt que rien ?

André Comte-Sponville
Natali

EDITIONS THIERRY MAGNIER

Mes parents étaient là avant moi. Ils ont eux-mêmes des parents, que je connais bien : ce sont mes grands-parents. Avant d'être si vieux, chacun de mes grands-pères était un petit garçon, chacune de mes grands-mères était une petite fille, comme moi, ils avaient eux-mêmes des parents, qui avaient été jeunes, qui avaient des parents, des grands-parents, et ceux-là avaient été enfants aussi, il y a très longtemps, ils avaient eu des parents, des grands-parents, qui eux-mêmes... On a l'impression que ça n'en finit jamais : que ça n'a jamais commencé.

Pourtant, il faut s'arrêter quelque part : il faut bien qu'il y ait un commencement. Car sinon, comment en serait-on arrivé là ?

Comment en serait-on arrivé… à moi ? S'il n'y avait pas de commencement, on n'en aurait jamais fini, et mes parents n'auraient jamais eu le temps de naître et de me faire… Ou bien c'est que le temps est infini ? Qu'il n'a jamais commencé ? Qu'on a toujours tout le temps, tout l'infini du temps ? Depuis toujours ? Pour toujours ? Comme des vacances qui n'en finiraient pas, qui n'auraient jamais commencé ?

C'est ce que les adultes appellent l'éternité.
Mais ils ne savent pas si ça existe.

1
2
3
4
5

Mes parents disent que l'homme descend du singe : que le monde était là avant nous, avec d'autres espèces animales qui ont disparu depuis, comme les dinosaures, comme cette espèce de singe ou d'homme dont nous descendons, que la Terre n'a pas toujours été là, ni le Soleil, qu'il y a un commencement à tout, même à l'univers...

COUTIL OU NYLON
MOUSSE NYLON
"HÉLANCA"

Mais qu'y avait-il avant tout ? Qu'y avait-il avant qu'il y ait quelque chose ? Peut-être Dieu : c'est lui qui aurait créé tout le reste… Mais avant la création ?

Peut-être qu'il y avait Dieu tout seul, qui s'ennuyait, ou qui rêvait à ce qu'il allait créer, qui rêvait à moi, par exemple… Ou bien peut-être qu'il ne s'ennuyait pas parce qu'il n'avait pas encore créé le temps, parce qu'il n'avait même pas le temps de s'ennuyer, tellement il était Dieu, tellement il était bien, dans son éternité qui ne passait pas, dans sa divinité parfaite, dans son bonheur absolu…

Mais alors pourquoi a-t-il créé quelque chose ?
Et quand, s'il n'y avait pas de temps ?
Et qui a créé Dieu ? Ou qu'y avait-il avant lui ?
Peut-être que Dieu a toujours existé ?
Qu'il existait même avant le temps ?
Avant qu'il y ait un avant ?

Ou peut-être qu'il n'y a pas de Dieu : qu'il n'y a que tout,
et depuis toujours, qu'il y a toujours eu
quelque chose…

Caroline

S'il n'y avait rien eu du tout, absolument rien, à n'importe quel moment du temps ou de l'éternité, on en serait resté là : il n'y aurait jamais rien eu. Parce que pour faire quoi que ce soit, il faut quelque chose ou quelqu'un. Il faut des parents pour faire un enfant. Des crayons pour faire un dessin. Des graines pour faire une fleur. De rien, rien ne peut naître.

Mais alors, il y a toujours eu quelque chose ?

ŒILLET MARGUERIT
DOUBLE, REMONTANT, VA
Sabots
PAR
A
A Ensemble de 3 petits outils de jardinage, peints soigneusement et comprenant : 1 plantoir à crosse de
cm de long, 1 griffe à fleurs 5 dents de 26 cm et 1
plantoir.
24,50

On dit que l'univers aurait commencé par une grande explosion : ils appellent ça le *big-bang*… Mais pour que ça explose, il faut qu'il y ait d'abord… quelque chose !

BIG BANG

Pour expliquer quoi que ce soit, il faut qu'il y ait quelque chose. Mais alors comment expliquer cette chose-là, qui expliquerait toutes les autres ? Pourquoi y a-t-il quelque chose plutôt que rien ?

Parce que Dieu ?
Mais pourquoi Dieu plutôt que rien ?
Pourquoi tout ?

On ne sait pas comment ça a commencé vraiment, puisqu'on ne sait pas ce qu'il y avait avant le commencement, ni même s'il y a eu un commencement…

PAR
AVION

C'est pourquoi c'est tellement mystérieux et merveilleux qu'il y ait quelque chose et non pas rien : qu'il y ait le monde, avec des oiseaux dedans, qu'il y ait des arbres et des fleurs, des étoiles et des cailloux, qu'il y ait mes parents, qu'il y ait mes amis, qu'il y ait le ciel et les nuages, le soleil et la lune, qu'il y ait tout…

et moi !

ISBN 2-84420-014-1

Dépot légal : octobre 1998
Loi n° 49-956 du 16 juillet 1949 sur les publications destinées à la jeunesse
Achevé d'imprimer en Belgique par l'imprimerie Proost en septembre 1998
Maquette : Bärbel Paulitsch